AF307282

Danksagung

Mein Dank gehört Dir!

BETTINA GRONOW

365 JOURS

Saisis les étoiles dans le ciel
au lieu de ramasser les pierres au sol.

DEIN TAGESBEGLEITER IN FR/DE

Seelenbuch Verlag

© von Anbeginn bis 2024 ~ Seelenbuch Verlag

Herausgeberin	Bettina Gronow
Autorin	Bettina Gronow
Covergestaltung	Nathalie Geiger
Coverbild	Bettina Gronow
Autorenfoto	Detlef Postler
Layout & Satz	Laura Newman
Übersetzung	Co Léa
Korrektorat	Sybille Weingrill
Druck	Libri Plureos GmbH, Friedensallee 273, 22763 Hamburg

2. Auflage

ISBN: 978-3-910337-98-5

All meinem Wirken und Sein gebe ich die Zutaten
der Liebe,
der Schönheit,
der Vollkommenheit und
der Vollendung hinzu.

BoD kümmert sich nach bestem Wissen und Gewissen darum, dass dieses Buch zu dir gelangt. Viele pflichtbewusste Aufgaben liegen in den Händen von BoD. Besten Dank dafür!

Natürlich befindet sich dieses Buch auch in der Deutschen Bibliothek und wird dort für die Nachwelt aufbewahrt. Hier wirst du fündig: https://www.dnb.de

Inhalt

Ton livre

Le début est fait!

A présent, tu plonges dans ce livre qui n'appartient qu'à
toi, à toi seul.

Ce livre, tu peux le transformer, le compléter,
le réformer, le périphraser, le „recopier“, le réécrire,
le commenter, l'embellir ou tout simplement : le lire.

Les surfaces blanches ne doivent pas rester blanches,
selon la devise: colorie ta vie.
Ou: colorie ce livre, de toutes les couleurs.

Janvier

Januar

1er Janvier

Ecoute et ressens la plénitude des mots
que tu rencontres.

Höre und fühle die Fülle der Wörter, die dir begegnen.

2. Janvier

Laisse ton âme te montrer ce dont elle a besoin pour vivre.

Deine Seele zeigt dir, was sie für ihr Dasein braucht.

3. Janvier

Qu'importe la couleur que ton humeur te présente aujourd'hui: tu es plus malin qu'elle, car tu peux sourire.

Egal, welche Stimmung dir deine Laune heute präsentieren mag, du bist schlauer als sie, denn du kannst lächeln.

4. Janvier

Grandis, prospère et épanouis tout ton potentiel.

Wachse, gedeihe und schöpfe dein Potenzial voll aus.

5. Janvier

Te voici à présent; mais où seras-tu un jour?

Hier stehst du nun; doch wo wirst du einst stehen?

6. Janvier

Tu te crées ta propre réalité.
Qu'elle soit en couleur ou en noir et blanc.

Du erschaffst dir deine eigene Realität,
ob in bunter Farbe oder in Schwarzweiß.

7. Janvier

Nous sommes tous liés les uns aux autres,
et ce que nous infligeons à autrui, nous nous l'infligeons à
nous-mêmes. Et ce que d'autres nous infligent,
ils se l'infligent à eux-mêmes.

Wir alle sind miteinander verbunden,
und was wir anderen antun, tun wir uns selbst an.
Und was uns andere antun,
fügen sie sich selbst zu.du bist schlauer als sie,
denn du kannst lächeln.

8. Janvier

Grandis, prospère et épanouis tout ton potentiel.

Wachse, gedeihe und schöpfe dein Potenzial voll aus.

9. Janvier

Les rencontres clarifiantes apportent la paix à ton âme.

Klärende Begegnungen befriedigen deine Seele.

10. Janvier

Ce sont la chair et le sang qui constituent ton cœur
vivant; non la froideur et l'indifférence.

*Fleisch und Blut machen dein lebendiges Herz aus
und nicht Kälte und Gleichgültigkeit.*

11. Janvier

Reste fidèle aux vœux qui viennent de ton cœur et crois
en eux – afin qu'ils puissent devenir réalité.

Wünsche, die von deinem Herzen kommen,
solltest du festhalten und du solltest an sie glauben – damit
sie Realität werden können.

12. Janvier

Sois juste envers toi et envers le monde; c'est ainsi que ta
force pourra se déployer au mieux.

Sei gerecht zu dir und zu der Welt,
dann kann sich deine Kraft am besten entfalten.

13. Janvier

Crois-en toi; surtout dans les chemins
étroits de la vie.

Glaube an dich, besonders in den engen
Gassen des Lebens.

14. Janvier

Tu portes ta culpabilité et ta responsabilité en toi. Tu peux
te libérer de ta culpabilité – mais non de ta responsabilité.

Du trägst deine Schuld und Verantwortung in dir selbst.
Befreien kannst du dich jedoch nur von deiner Schuld – nicht
aber von deiner Verantwortung.

15. Janvier

Tu es vu! Tout ce que tu fais ne reste
jamais invisible.

Du wirst gesehen! All das, was du tust,
bleibt nie unentdeckt.

16. Janvier

Fais ton chemin avec quelqu'un et tu
ne le regretteras point.

Geh mit einem Menschen deinen Weg
und du wirst es nicht bereuen.

17. Janvier

Tes mains seront vides si tu ne commences pas
à croire en toi et au Bien.

Deine Hände werden leer sein, wenn du nicht beginnst,
an dich und an das Gute zu glauben.

18. Janvier

Selon les saisons, le vent souffle plus ou moins fort – mais
ton chemin peut rester le même.

Je nach Jahreszeit bläst der Wind stärker
oder schwächer – doch dein Weg kann derselbe bleiben.

19. Janvier

Si tu trahis la vie, tu te trahis toi et
ce que tu vaux.

*Betrügst du das Leben, betrügst du dich
und deinen Wert.*

20. Janvier

Il y a toujours une main tendue à ta gauche ou à ta droite,
tu as juste à la demander et à l'accepter.

*Es gibt immer eine helfende Hand links oder rechts von dir,
du musst nur nach ihr fragen und sie annehmen.*

21. Janvier

Laisse-toi inonder de reconnaissance tel un roc dans la
déferlement des vagues.

> *Dankbarkeit sollte dich immer umspülen,*
> *wie das Wasser einen Felsen in der Brandung.*

22. Janvier

Partage tes pensées et tes sentiments avec le monde qui
t'entoure et montre qui tu es vraiment.

> *Teile deine Gedanken und deine Gefühle mit der Welt,*
> *die dich umgibt, und zeige, wer du wirklich bist.*

23. Janvier

Les soucis et les problèmes pèsent sur les hommes,
mais les paroles gentilles – qui viennent du cœur – les
soulagent.

Sorgen und Probleme erdrücken uns Menschen,
doch gegenseitige freundliche Wörter – die von
Herzen kommen – erleichtern vieles.

24. Janvier

L'humilité te permet de voir les belles choses
de la vie et de les estimer.

Demut lässt dich die schönen Dinge des Lebens sehen
und sie wertschätzen.

25. Janvier

Ta vie est prête et t'attend!

Dein Leben ist bereit und wartet auf dich!

26. Janvier

Retourne-toi et deviens heureux et libre.

Wende dich und werde heiter und befreit.

27. Janvier

Le spirituel en toi peut te soutenir plus
que tu ne l'imagines.

Das Geistliche in dir kann dich mehr unterstützen,
als du annimmst.

28. Janvier

Au début, ce fut la peur qui se manifesta en toi – à la fin,
elle peut devenir foi et confiance.

Am Anfang war es die Angst, die sich bei dir meldete, und
am Schluss kann daraus Vertrauen und Zuversicht werden.

29. Janvier

En nous unissons, nous augmentons
notre potentiel.

*Indem wir uns zusammentun, erhöhen wir
unser Potenzial.*

30. Janvier

La paix n'est pas un souhait, mais une attitude.

Frieden ist kein Wunschwort, sondern eine Einstellung.

31. Janvier

Ne te laisse pas déformer par la vie.

Lass dich nicht vom Leben verformen.

Février

Februar

1er Février

Sois fort et courageux.

Sei stark und mutig.

2. Février

Nous payons toujours tous le prix
de nos actes.

*Wir alle tragen die Rechnungen für unser
Handeln immer bei uns.*

3. Février

Les choses se déroulent exactement dans ta vie telles
qu'elles furent - bien avant nous - mises en place.

Die Dinge passieren genau so in deinem Leben,
wie sie einst – lange vor uns – aufgereiht wurden.

4. Février

Ta vie est ton œuvre principale.

Dein Hauptwerk ist dein Leben.

5. Février

C'est lorsque tu prends conscience de tes erreurs
que ta vie devient intéressante.

Das Leben fängt dann an, interessant zu werden,
wenn dir deine Fehler bewusst werden.

6. Février

Construis sur ce qui existe déjà, car il y a encore
tout un espace au-delà.

Bau auf! Auf das, was schon vorhanden ist,
denn es ist nach oben hin viel Luft.

7. Février

Fais confiance à ton cœur et non à ta raison.

> *Fais confiance à ton cœur et non à ta raison.*

8. Février

Dire merci à tout moment exprime la valeur
de soi-même.

> *Danke sagen – zu jeder Zeit – ist der Wert*
> *deines Selbst.*

9. Février

Si tu fais confiance, tu recevras chaque jour
ce qui est nécessaire.

Wenn du vertraust, dann wirst du jeden Tag das erhalten,
was nötig ist.

10. Février

Si tu veux aller plus loin, commence ta journée tôt - avant
même que le soleil se réveille.

Noch früh – bevor die Sonne aufwacht – beginnt dein Tag,
wenn du mehr erreichen willst.

11. Février

Attends et calme-toi. C'est alors que ton âme se
manifestera d'elle-même.

> *Warte ab und werde ruhig. Dann meldet sich*
> *deine Seele von selbst.*

12. Février

Peu importe ce que tu veux devenir: deviens-le.

> *Was immer du werden möchtest, werde es.*

13. Février

Tu es une lumière dans ce monde. Rayonne!

Du bist ein Licht dieser Welt. Bringe dich zum Leuchten.

14. Février

Concentre-toi, mets de l'ordre et réduis-toi à un point
et tu auras du succès.

*Konzentriere, ordne und minimiere dich auf einen Punkt
und du wirst Erfolg haben.*

15. Février

Le bien et le mal font partie de la vie - comme l'eau et le
feu font partie de la terre.

*Gutes und Schlechtes gehört zum Leben – wie Wasser
und Feuer zur Erde.*

16. Février

Tes pensées ne sont pas mes pensées, et pourtant,
nous nous rencontrons toujours à nouveau.

*Deine Gedanken sind nicht meine Gedanken,
dennoch treffen wir uns immer wieder.*

17. Février

Et qu'en serait-il, si ce que tu cherches,
sommeille en toi depuis bien longtemps?

*Was wäre, wenn das, was du suchst,
schon längst in dir weilt?*

18. Février

Avant de te donner à quelqu'un,
donne-toi - totalement - à toi-même.

*Bevor du dich anderen hingibst,
gib dich dir selbst – vollkommen – hin.*

19. Février

A la fin de la journée, c'est ton côté combattant
qui doit l'emporter.

Die kämpferische Seite in dir sollte am Ende
des Tages siegen.

20. Février

N'aie pas honte de tes actes
si tu es resté fidèle à tes valeurs.

Schäme dich nicht für dein Tun,
wenn du deinen Werten treu geblieben bist.

21. Février

Le temps tourne de plus en plus en vite, et le moment est
d'autant plus important.

Die Zeit dreht sich immer schneller,
daher ist der Moment umso bedeutender.

22. Février

Nous tous sommes bien plus que des ombres ambulantes
à travers différents temps!

Wir alle sind mehr als nur wandelnde Schatten
durch verschiedene Zeiten!

23. Février

Suis ton âme et tu suivras ta beauté.

Folge deiner Seele und du folgst deiner Schönheit.

24. Février

N'enlève rien de toi qui puisse apporter
joie à autrui.

*Nimm nichts von dir, was anderen Freude
bereiten kann.*

25. Février

Tu ne peux cacher tes pensées car elles
dessinent ton visage.

Du kannst deine Gedanken nicht verbergen,
denn sie zeichnen dein Gesicht.

26. Février

Apporter ta contribution, si petite soit-elle,
peut être une grande action.

Deinen Beitrag zu leisten, egal, wie klein er auch sein mag,
kann eine große Tat sein.

27. Février

C'est seulement lorsque tu seras arrivé au bout que tu
devras changer ta direction.

Erst wenn du am Ende angekommen bist,
solltest du deine Richtung wechseln.

28. Février

La vie elle-même a de l'humour, même si nous ne le
comprenons pas toujours tout de suite.

Das Leben selbst hat Humor,
auch wenn wir ihn nicht immer gleich verstehen.

29. Février

Si tu te corriges toi-même,
ce ne peut être que bon pour toi.

Wenn du dich selbst zurechtweist,
kann das für dich nur recht sein.

Mars

März

1er Mars

Il y a des avis personnels pour lesquels
tu peux rester ferme en toute confiance.

*Es gibt persönliche Einstellungen,
da kannst du ruhig standfest bleiben.*

2. Mars

Tes pieds et ta foi te portent partout où tu veux aller.

Deine Füße und dein Glaube tragen dich überallhin.

3. Mars

Rendre la justice sans devenir
injuste - est-ce possible?

Gerechtigkeit zu verwirklichen,
ohne dabei ungerecht zu werden – geht das?

4. Mars

Deviens toi-même l'espoir au lieu d'espérer
de temps à autre.

Werde selbst zur Hoffnung, anstatt
punktuell zu hoffen.

5. Mars

Rien de ce que tu fais n'est inutile! Et tout ce que tu entreprends pour mûrir, vaut le double.

Nichts, was du tust, ist umsonst! Und alles, was du für dein Heranreifen unternimmst, ist doppelt so viel wert.

6. Mars

Appuie-toi et lâche prise autant que tu peux.

Lehn dich an, und lass dich fallen, so tief du nur kannst.

7. Mars

A ceux qui t'ont créé, tu dois le respect.

Denen, die dich erschaffen haben, gebührt der Respekt.

8. Mars

Aie patience avec toi et avec le monde.

Habe Geduld mit dir selbst und mit der Welt.

9. Mars

Tout ce qui est nouveau en toi prendra forme lorsque cela
arrivera sur un terrain solide.

All das Neue in dir wird Bestand haben,
sobald es auf festem Boden angekommen ist.

10. Mars

Répands la confiance en toi afin
que le calme puisse revenir.

Breite Treue in dir aus,
sodass Ruhe einkehren kann.

11. Mars

Quand ta lumière intérieure commence à briller,
cette lumière peut aider les autres.

*Wenn es in dir drinnen hell wird, du zu leuchten beginnst,
kann dieses Licht anderen helfen.*

12. Mars

Tu devrais toujours te souvenir de ce
qui te fait grandir.

*Du solltest dich immer wieder daran erinnern lassen,
was dich größer werden lässt.*

13. Mars

Tu peux tout demander, mais, sans agir,
l'accomplissement durera le plus souvent une éternité.

Du kannst um alles bitten, doch ohne ein Handeln dauert
die Erfüllung meist eine Ewigkeit.

14. Mars

Tes relations reflètent ce que tu es
prêt à donner.

Deine Beziehungen spiegeln das wider,
was du bereit bist, zu geben.

15. Mars

Vole comme un aigle au-dessus de ta vie
et savoure la perspective.

*Fliege wie ein Adler über dein Leben
und genieße die Perspektiven.*

16. Mars

Ton âme a droit à sa place dans
l'univers du temps.

*Im Raum der Zeit darf es auch einen
Platz für deine Seele geben.*

17. Mars

Ta beauté intérieure n'est pas ce que tu peux
voir dans un miroir.

*Deine innere Schönheit ist nicht das,
was du in einem Spiegel sehen kannst.*

18. Mars

La pluie qui tombe sur le sol purifie ton esprit
et nourrit ta vie.

*Der zu Boden fallende Regen reinigt deinen Geist
und nährt dein Leben.*

19. Mars

Certains jours, tu as l'impression qu'on te regarde de travers et ces regards pèsent sur toi, mais ils n'éteindront pas la flamme en toi.

> *Die Blicke mögen sich an manchen Tagen schief und schwer anfühlen, doch deine innere Flamme werden sie nicht erlöschen.*

20. Mars

Peu importe ce qui semble te manquer:
tout est déjà là.

> *Was auch immer zu fehlen scheint, es ist schon bei dir.*

21. Mars

Prends-toi par la main et guide-toi à travers la vie.

Nimm deine Hand und führe dich durch dein Leben.

22. Mars

Ce que nous possédons, ne nous appartient pas;
nous n'en sommes que les gardiens.

Was wir haben, gehört uns nicht,
wir sind nur Behüter von den Dingen.

23. Mars

Plus tu agis, plus tu vis.

Je mehr du handelst, desto mehr lebst du.

24. Mars

Au regard de ce que nous, les hommes, faisons et avons fait, nous ne devrions pas fermer les yeux, mais rester vigilants.

Angesichts dessen, was wir Menschen tun und getan haben, sollten wir nicht die Augen verschließen, sondern wachsam sein.

25. Mars

L'espérance pointe à l'horizon et t'attend.

Die Hoffnung liegt am Horizont und wartet auf dich.

26. Mars

Le soutien est la forme la plus simple
pour avancer ensemble.

Unterstützung ist die leichteste Form,
um gemeinsam weiterzukommen.

27. Mars

Ta lumière intérieure te montre le chemin.

Dein inneres Licht zeigt dir deinen Weg.

28. Mars

Nous vivons, et cela, nous ne devrions
jamais l'oublier.

*Wir leben, und das sollten wir nie aus den
Augen verlieren.*

29. Mars

Si tu les cherches, les lieux de calme
et de simplicité existent.

> *Orte der Ruhe und der Einfachheit sind da,*
> *wenn du sie finden willst.*

30. Mars

Si tu utilises tes mains et ton cerveau,
tu n'as pas à éprouver de honte.

> *Si tu utilises tes mains et ton cerveau,*
> *tu n'as pas à éprouver de honte.*

31. Mars

Fais seulement, ce qui est bon.

Tu nur das, was gut ist.

Avril

April

1er Avril

Dans le silence, nous pouvons nous reconnaître.

In der Stille können wir uns erkennen.

2. Avril

Qui est ton juge, ton législateur et qui est ton roi?

Wer ist dein Richter, dein Gesetzgeber und wer dein König?

3. Avril

Semer une nouvelle graine, l'arroser et observer comme
elle se développe, donne une vraie joie de vivre.

*Ein neues Samenkorn zu säen, zu bewässern und mit anzusehen,
was sich daraus entwickelt, ist eine wahre Lebensfreude.*

4. Avril

Tu vis! Savoure et fête joyeusement ta vie
et ta vivacité.

*Du lebst! Genieße und feiere mit Freude dein Leben
und deine Lebendigkeit.*

5. Avril

Avoir toujours les mêmes réactions désagréables dans des situations toujours sembables est suspect.

Immer gleiche unangenehme Reaktionen in immer gleichen Situationen sind verdächtig.

6. Avril

La paix est la victoire sur tout!

Friede ist der Sieg über alles!

7. Avril

Si tu prends soin de ton âme, tu prends soin
de toi-même.

Achtest du auf deine Seele, achtest
du dich selbst.

8. Avril

... et nous partagions tout ce que nous possédons,
car rien ne nous appartient.

... und wir teilten alles, was wir besitzen,
denn uns gehört nichts.

9. Avril

Tenir la tête hors de l'eau peut être un
vrai défi sportif.

*Deinen Kopf über Wasser zu halten, kann mitunter eine
ordentliche sportliche Herausforderung sein.*

10. Avril

La chaleur de l'amour est mille fois plus belle
que la chaleur du soleil.

*Die Wärme der Liebe ist tausendmal schöner
als die Wärme der Sonne.*

11. Avril

Lorsque le ciel ciel s'assombrit au-dessus de nous,
il est grand temps de changer de pensée.

*Wenn sich der Himmel über uns zusammenbraut,
ist es höchste Zeit für ein Umdenken.*

12. Avril

Tant que tu poursuis l' œuvre de ta vie,
tu ne seras jamais seul.

*Solange du dein Lebenswerk verfolgst,
wirst du niemals allein sein.*

13. Avril

La couleur rouge est celle qui nous pose le plus de
questions dans la vie.

Die Farbe Rot im Leben gibt uns am meisten
zum Spekulieren auf.

14. Avril

Quand il fait encore sombre autour de toi, laisse-toi
réveiller par les baisers du calme et de la simplicité.

Lass dich von der Ruhe und Einfachheit wachküssen, wenn es
noch dunkel um dich herum ist.

15. Avril

Sois courageux, vaillant et plein d'espoir
et reste-le.

> Werde mutig, tapfer und hoffnungsvoll
> und dann bleibe es.

16. Avril

Si tu te concentres sur trop de choses,
l'essentiel s'efface.

> Konzentrierst du dich auf zu viele Dinge,
> verblasst das eigentlich Wichtige.

17. Avril

Si ton corps se rappelle à toi,
parle-lui.

Wenn sich dein Körper zu Wort meldet,
solltest du dich mit ihm unterhalten.

18. Avril

Le soutien et l'aide sont présents partout,
l'important est qu'ils viennent du cœur.

Unterstützung und Hilfe sind überall vorhanden,
wichtig ist, dass sie von Herzen kommen.

19. Avril

Tu es responsable de tes actes.

Du behältst die Verantwortung für deine Taten.

20. Avril

Lorsque tu crois être arrivé,
une nouvelle porte s'ouvre.

Wenn du glaubst, du bist angekommen,
öffnet sich sogleich eine weitere Tür.

21. Avril

Ta vie aime le défi et non l'ennui.

Dein Leben mag Herausforderung und keine Langeweile.

22. Avril

Les taches sombres sont la nourriture de ton
épanouissement.

Dunkle Flecken sind die Nahrung
für dein Erblühen.

23. Avril

En chacun de nous se cache un graine qui
peut grandir merveilleusement.

In jedem von uns steckt ein Samenkorn,
der sich wunderschön entwickeln kann.

24. Avril

Un pas en arrière n'est pas forcémement une reculade.
Un pas en avant n'est pas forcément un progrès.

Einen Schritt zurückzugehen muss kein Rückschritt sein.
Ein Schritt nach vorne kein Fortschritt.

25. Avril

Le stress est magique et a mille visages.

Stress ist magisch und hat Tausende Gesichter.

26. Avril

Nous ne sommes qu'un et nous le resterons toujours.

Wir sind eins und wir werden es immer bleiben.

27. Avril

La vie veut que tu agisses avec sagesse.

Das Leben möchte, dass du weise handelst.

28. Avril

C'est quand les douleurs sont passées que nous nous rappelons combien nous allons bien.

Wenn Schmerzen vergehen, wissen wir erst wieder,
wie gut es uns sonst so geht.

29. Avril

C'est dans ta vocation que tu trouves le bonheur de pouvoir être ici et maintenant.

In deiner Berufung findest du dein Glück,
hier und jetzt sein zu dürfen.

30. Avril

Nous nous reconnaissons dans le silence.

In der Stille können wir uns erkennen.

Mai

Mai

1. Mai

Si tu tournes toujours en rond, il te sera difficile de
découvrir d'autres cercles.

Wenn du immer die gleichen Kreise drehst,
wirst du schwer andere Kreise entdecken.

2. Mai

Retourne dans le passé et rassemble vite tout
ce qui y est resté.

Ab in die Vergangenheit und schnell alles eingesammelt,
was dort geblieben ist.

3. Mai

Ce que nous faisons ou non ne dépend pas
que de nous.

Was wir machen und nicht machen,
hängt nicht nur von uns ab.

4. Mai

Dans la vie, il y a un juste moment pour tout.

Für alles in deinem Leben gibt es eine richtige Zeit.

5. Mai

Chaque kilomètre parcouru dans ta vie
te transforme.

Jeder zurückgelegte Kilometer in deinem Leben
verändert dich.

6. Mai

Si tu ne démarres pas, tu ne verras jamais
où le chemin te mène.

Wenn du nicht startest, wirst du nie sehen,
wo du ankommen könntest.

7. Mai

Quand vis-tu ta vie?

Wann lebst du dein Leben?

8. Mai

Ce qui ne fait pas partie de ton être,
doit être rejeté.

Das, was nicht zu deinem Wesen gehört,
gehört aussortiert.

9. Mai

La confiance est un art de la vie qui n'est pas
toujours facile à créer.

> *Vertrauen – ist eine Kunst des Lebens, die nicht immer*
> *leicht zu kreieren ist.*

10. Mai

Là où deux âmes se lient, surgit l'amour.

> *Wo sich zwei Seelen verbinden, entsteht Liebe.*

11. Mai

Chacun comprend autre chose sous le terme „bonne communication", mais nous sommes tous d'accord qu'elle doit être ouverte et bienveillante.

Unter einer guten Kommunikation versteht jeder etwas anderes, doch wir sind uns alle einig, dass sie offen und liebevoll sein soll.

12. Mai

Ton amour peut te protéger de tout.

Deine Liebe kann dich vor allem beschützen.

13. Mai

Le temps est trop précieux pour faire toujours
mille choses à la fois.

*Die Zeit ist zu schade, um sich immer mit zehn Sachen
gleichzeitig zu beschäftigen.*

14. Mai

Quand la simplicité et la joie se croisent,
tu es sur le juste chemin.

*Wenn sich Einfachheit und Freude kreuzen,
dann ist es der richtige Weg.*

15. Mai

Toutes ces belles images présentes dans ton esprit, personne ne peut te les enlever.

All die schönen Bilder in deinem Kopf kann dir niemand mehr nehmen.

16. Mai

Les échecs n'existent pas; ce n'est que la vie qui a prévu autre chose pour toi.

Niederlagen gibt es nicht, nur ein Leben, das etwas anderes für dich geplant hat.

17. Mai

Lorsque ton âme te parle, ça vaut la peine de laisser tomber le reste.

> *Wenn deine Seele zu dir spricht, lohnt es sich,*
> *alles andere liegen zu lassen.*

18. Mai

Chaque jour de ta vie, tu peux voir ta beauté.

> *Du kannst an jedem Tag in deinem Leben*
> *deine Schönheit sehen.*

19. Mai

Quand la vague de la vie te surprend,
elle te nettoie et te purifie.

> *Wenn die Welle des Lebens dich erwischt,*
> *reinigt und klärt sie dich zugleich.*

20. Mai

En nous unissant, nous augmentons
notre potentiel.

> *Indem wir uns zusammentun, erhöhen wir*
> *unser Potenzial.*

21. Mai

Tu ne peux rien retenir, car tout et
chacun est libre.

> *Nichts kannst du festhalten, denn alles*
> *und jeder ist frei.*

22. Mai

Ne laisse pas pourrir ton caractère pur par la vie.

Verdirb dir deinen reinen Charakter nicht durch das Leben.

23. Mai

Nous pouvons nous plier en deux, nous pouvons nous éloigner complètement de nous-mêmes, mais cela ne nous aidera pas beaucoup.

Wir können uns verbiegen, wir können uns vollkommen von uns selbst entfernen, doch helfen wird uns das nicht viel.

24. Mai

Le matin, chacun choisit son attitude personnelle.

Am Morgen wählt jeder seine ganz persönliche Einstellung für den Tag.

25. Mai

Rien n'est nouveau, ce ne sont que tes oreilles
qui étaient fermées.

Nichts von dem ist neu, nur deine Ohren
waren noch verschlossen.

26. Mai

Notre esprit est le château de notre propre création.

Unser Geist ist die Hochburg unserer eigenen Schöpfung.

27. Mai

Laisse-toi inspirer par la vie, elle est
suffisamment colorée.

Lass dich inspirieren vom Leben,
es ist bunt genug.

28. Mai

Laisse ta main droite libre pour que tu puisses accepter
l'aide quand on te la propose.

Lass deine rechte Hand frei, damit du mit ihr Hilfe
annehmen kannst, wenn sie dir angeboten wird.

29. Mai

Guette patiemment et allègrement ce que la
vie veut te dire.

Lausche geduldig und munter, was das Leben
dir sagen möchte.

30. Mai

Si tu veux un meilleur résultat, tu dois
mieux agir.

Ein besseres Resultat setzt nicht selten ein besseres
Handeln voraus.

31. Mai

En toi s'écoulent des forces qui t'ont été offertes.

Durch dich hindurch fließen geschenkte Kräfte.

Juin

Juni

1er Juin

Même si ton temps semble passer,
ton essence reste.

> *Auch wenn deine Zeit vergehen mag, so bleibt doch*
> *dein innerer Kern erhalten.*

2. Juin

Si tu t'acceptes, ta colère devient harmonie.

> *Wenn du bei dir selbst ankommst, wird aus Wut Harmonie.*

3. Juin

Vouloir tout et rien ne vont pas toujours de pair.

Alles und nichts zu wollen, passt nicht immer zusammen.

4. Juin

Un simple changement de perspective offre souvent
une plus belle vue.

*Ein einfacher Perspektivenwechsel sorgt oft für
eine schöne Aussicht.*

5. Juin

Voyager à travers ta vie est une chose; c'en est une autre
de la traverser à deux.

Durch dein Leben zu reisen ist das eine, etwas anderes ist es,
es zu zweit zu durchqueren.

6. Juin

Ce n'est qu'en ayant tout donné que tu peux avoir le
sentiment que c'était assez.

Nur wenn du alles gibst, kannst du das Gefühl haben,
dass es genug war.

7. Juin

Tant que tu es en vie,
rien n'est fini.

Solange du lebendig bleibst, kann es kein
Ende von etwas geben.

8. Juin

L'innocence n'existe en nous qu'à
cinquante pour cent.

Die Unschuld gibt es in uns meist nur
zu fünfzig Prozent.

9. Juin

Chaque journée mérite le voyage vers toi-même.

Jeder Tag ist eine Reise zu dir selbst wert.

10. Juin

Ce n'est pas ta bouche qui parle mais ton coeur.

Dein Herz spricht, nicht dein Mund.

11. Juin

Ce que tu fais est bon, mais la manière dont tu
le fais est plus importante.

Das, was du tust, ist gut, doch wie du es tust,
ist wichtiger.

12. Juin

Si tu ne fais pas le premier pas,
tu ne peux pas t'améliorer.

Wenn du nicht anfängst,
kannst du nicht besser werden.

13. Juin

Si tu te transformes, tu deviendras un
homme nouveau.

Wenn du dich veränderst, wirst du zu
einem neuen Menschen.

14. Juin

Une nouvelle vie révèle de nombreuses interrogations.

Ein neues Leben deckt viele neue Fragen auf.

15. Juin

Ton âme est ton outil le plus puissant.

Deine Seele ist dein mächtigstes Werkzeug.

16. Juin

Souvent, rien ne se passe, par contre dans nos
têtes d'autant plus.

*Es passiert oft nichts, dafür aber umso mehr
in unseren Köpfen.*

17. Juin

Tout ce que tu donnes par ta personnalité
se multipliera.

Alles, was du von deiner Persönlichkeit abgibst,
wird sich vermehren.

18. Juin

Ne regarde ni à droite ni à gauche et ne cherche pas le
mal, mais tends la main et aide.

Schaue nicht nach links und rechts und suche das Schlechte,
sondern strecke deine Hand aus und hilf.

19. Juin

La vie ne connaît pas d'ennui si tu la remplis de
ta vocation.

Das Leben kennt keine Langeweile, wenn du es mit
deiner Berufung füllst.

20. Juin

Si nous pouvions entendre, sentir et voir, nous pourrions
vivre en accord avec nous-mêmes.

Könnten wir hören, fühlen und sehen, könnten wir im
Einklang mit uns selbst leben.

21. Juin

Un manteau protecteur invisible repose
sur ton esprit.

*Ein schützender Mantel liegt unsichtbar
über deinem Geist.*

22. Juin

Saisis les moments merveilleux de la nature car
ils n'ont pas de prix.

*Fang dir die wunderbaren Momente der Natur ein,
denn sie sind unbezahlbar.*

23. Juin

Si nous nous protégeons mutuellement,
nous restons nous-mêmes.

*Wenn wir uns gegenseitig beschützen,
bewahren wir uns – unser Selbst.*

24. Juin

Colorie ta vie de toutes les couleurs.

Färbe dein Leben bunt.

25. Juin

Que le courage t'accompagne toujours tel
un ami fidèle.

Dein Mut soll dir stets ein sehr guter Freund
und Begleiter sein.

26. Juin

Si tu es là où tu dois être, tout en toi est plénitude.

Wenn du dort bist, wo du sein solltest, dann bleibt
in dir nichts unerfüllt.

27. Juin

Ton âme t'offre la confiance et l'espoir.

Deine Seele schenkt dir Vertrauen und Hoffnung.

28. Juin

Le savoir infini de l'univers est rassemblé en toi.

Das unendliche Wissen dieser Welt ist in dir vereint.

29. Juin

Les douceurs de la vie ne sont pas faites de sucre.

Die Süße des Lebens besteht nicht aus Zucker.

30. Juin

Dire que nous saurions ce qu'est l'amour,
est peut-être une grande illusion.

Es ist vielleicht ein großer Trugschluss, wenn wir sagen,
wir wüssten, was Liebe ist.

Juillet

Juli

1er Juillet

Tirons un bilan et remettons-nous à jour.

Ziehen wir Bilanz und aktualisieren wir uns neu.

2. Juillet

Les progrès de toutes sortes sont très revigorants
et font oublier les efforts.

Fortschritte jeglicher Art sind sehr belebend
und sie lassen die Mühen verblassen.

3. Juillet

Si nous laissons les hommes tels qu'ils sont, ils continueront cependant à se développer.

Wenn wir die Menschen so lassen, wie sie sind, werden sie sich dennoch weiterentwickeln.

4. Juillet

Chaque maladie peut raconter une histore. Si nous l'écoutons, nous comprendrons la maladie d'autant plus vite.

Jede Krankheit kann eine Geschichte erzählen. Wenn wir ihr zuhören, werden wir sie schneller verstehen.

5. Juillet

Les personnes et les choses qui nous entourent,
nous transforment.

Wer und was uns umgibt,
verändert uns.

6. Juillet

Si nous restons immobiles, d'autres vivront
nos rêves.

Wenn wir stehen bleiben, werden andere unsere
Träume leben.

7. Juillet

Non seulement la vie est un cadeau,
mais aussi chaque seconde.

*Nicht nur das Leben ist ein Geschenk,
sondern auch jede einzelne Sekunde.*

8. Juillet

Quand une personne croise ta vie, ne réfléchis pas trop
longtemps à ce que cette personne peut faire pour toi, car
elle pourrait avoir continué son chemin depuis longtemps.

*Wenn eine Person dein Leben kreuzt, überlege nicht zu
lange, was diese Person für dich tun kann, denn sie könnte
schon längst weitergegangen sein.*

9. Juillet

„L'apprentissage" est un très bon ami qui
t'accompagne toute ta vie.

Ein sehr guter Freund, der dich dein
ganzes Leben begleitet, nennt sich „Lernen".

10. Juillet

La joie se manifeste par un visage détendu, sur lequel un
sourire commence à rayonner.

Freude ist, wenn sich das Gesicht entspannt und anfängt,
mit einem Lächeln zu strahlen.

11. Juillet

Qui parle, devrait aussi s'écouter lui-même.

Wer spricht, sollte sich auch selbst einmal zuhören.

12. Juillet

Défais-toi de ce qui n'est pas bon pour toi
et recommence.

Lege ab, was nicht gut für dich ist,
und beginne neu.

13. Juillet

La confiance est probablement un des mots les plus importants qui existent, suivi de la foi et de l'amour.

Vertrauen ist wohl mit eines der größten Wörter, die es gibt, gefolgt von Glaube und Liebe.

14. Juillet

L´âme joue la musique de ton cœur.

Die Seele spielt die Musik deines Herzens.

15. Juillet

Mettons de la clarté dans la jungle de
nos têtes.

Verschaffen wir uns Klarheit im Dschungel
unseres Kopfes.

16. Juillet

Ne pas savoir de quoi demain sera fait peut donner
confiance dans la vie.

Nicht zu wissen, was morgen ist, kann Vertrauen
im Leben schaffen.

17. Juillet

La vérité remonte à la surface de l'eau.

Die Wahrheit schwimmt an der Oberfläche.

18. Juillet

La peur peut avoir sa place dans la vie,
mais elle ne doit pas se propager.

Die Angst darf ihren Platz im Leben haben,
nur ausbreiten darf sie sich nicht.

19. Juillet

L'art du présent est de vivre dans l'ici et le maintenant.

Im Hier und Jetzt zu leben ist die Kunst der Gegenwart.

20. Juillet

Ce que tu as perdu le jour est à nouveau
rassemblé en toi le soir.

Am Abend wird in dir wieder das zusammengefügt,
was dir über den Tag verloren ging.

21. Juillet

Tout peut changer, même si nous
ne voulons pas le croire.

Alles ist veränderbar, auch wenn wir es
nicht glauben wollen.

22. Juillet

Il est rare que quelqu'un entre sans raison dans ta vie.
En connaître la raison est un coup de chance.

Nur selten tritt jemand grundlos in dein Leben.
Den Grund dafür zu kennen ist ein Glückstreffer.

23. Juillet

Dès que tu changes de direction, ta vie prend
d'autres couleurs.

Einmal deine Richtung gewechselt und schon sieht dein
Leben um einiges anders aus.

24. Juillet

Les inspirations sont comme des panneaux au bord de la
route qui indiquent ton changement de direction.

Inspirationen sind wie Wegweiser am Straßenrand,
die deinen Richtungswechsel anzeigen.

25. Juillet

L'amour entre les hommes est le plus grand et le plus
important progrès.

Die Liebe unter den Menschen ist der größte
und wichtigste Fortschritt.

26. Juillet

La beauté dans chaque détail de ta vie est
un pouvoir infini.

Die Schönheit in jedem Detail deines Lebens ist eine Macht,
welche unendlich ist.

27. Juillet

Beaucoup de choses peuvent t'apporter du soulagement;
essaie en premier lieu celles qui sont évidentes.

*Erleichterung kann dir vieles verschaffen, Naheliegendes
solltest du dabei zuerst ausprobieren.*

28. Juillet

Sois pour toi un ami fidèle, selon tes règles de vie.

Bleib dir ein treuer Freund, nach deinen Regeln des Lebens.

29. Juillet

Longtemps, nous ne voyons que ce que nous voulons voir
et non pas, ce qui est devant nos yeux.

Wir sehen sehr lange nur das, was wir sehen wollen,
und nicht, was vor unseren Augen ist.

30. Juillet

Les racines de la vie plongent profondément
dans le sol qui te tient fermement.

Die Wurzeln des Lebens erschließen dir deinen
Untergrund, der dich festhält.

31. Juillet

Il existe pour chaque chose et de chaque chose un
élément complémentaire qu'il s'agit de trouver.

*Von allem und für alles gibt es ein
passendes Gegenstück, das es zu finden gilt.*

Août

August

1er Août

Si tu veux t'offrir plein de choses,
ne t'offre que les choses les plus importantes.

Wenn du dir richtig viel leisten willst,
dann leiste dir nur das Wichtigste.

2. Août

Ce qui te touche à l'intérieur devrait
se frayer un chemin vers l'extérieur.

Was dich im Inneren bewegt,
sollte den Weg nach draußen finden.

3. Août

L'indifférence est une illusion négative.

Gleichgültigkeit ist ein negativer Trugschluss.

4. Août

Le progrès est le pas le plus important dans la vie.

Der Fortschritt ist der wichtigste Schritt im Leben.

5. Août

Soit nous enlevons les pierres de nos chemins,
soit nous les survolons.

Steine sind dazu da, sie aus dem Weg zu räumen
oder über sie hinwegzufliegen.

6. Août

Garde ta beauté dans ton cœur.

Trage deine Schönheit in deinem Herzen.

7. Août

Chacun parle son propre langage.

Jeder spricht seine eigene Sprache.

8. Août

Recommencer à zéro élargit réellement ton horizon.

Wieder bei null anzufangen erweitert durchaus deinen Horizont.

9. Août

La richesse de ton âme est infiniment précieuse.

Der Reichtum deiner Seele ist unendlich kostbar.

10. Août

Critiquer les hommes est difficile à justifier.

Kritik an Menschen ist schwer begründbar.

11. Août

Celui qui cherche un refuge, le trouvera.

Wer Zuflucht sucht, wird sie finden.

12. Août

Dans la vie, il y a des choses que tu dois accomplir, sinon, tu les retrouveras à tes pieds jusqu'à ce que tu les ramasses.

Es gibt Dinge im Leben, die hast du zu erledigen, und wenn nicht, dann bekommst du sie so lange vor die Füße gelegt, bis du sie aufhebst.

13. Août

Quand la première pierre se met à rouler,
les autres glissent simplement avec.

> *Wenn der erste Stein ins Rollen kommt,*
> *gleiten die anderen einfach mit.*

14. Août

Le vide se crée là, où les places se libèrent.

> *Leere entsteht dort, wo Plätze frei werden.*

15. Août

Tu as ton propre chemin...

Du hast deinen eigenen Weg ...

16. Août

La plupart du temps, ton corps n'a pas besoin de plus de tout, mais juste le contraire.

Meist braucht dein Körper nicht mehr von allem,
sondern genau das Gegenteil.

17. Août

Dans les disciplines où il n'y a pas de de limites,
ne t'en mets pas toi-même.

In den Disziplinen, wo es keine Grenzen gibt,
solltest du dir auch keine setzen lassen.

18. Août

Les idées qui apparaissent, ravivent la vie
et la font briller de toutes les couleurs.

Aufsteigende Ideen beleben das Leben
und lassen es bunter leuchten.

19. Août

Ton intuition en sait plus et te montre le chemin,
tant que tu lui fais confiance.

Deine Intuition weiß mehr und weist dir den Weg,
solange du ihr vertraust.

20. Août

Sommes-nous vraiment conscients,
à quel point nous allons bien?

Wissen wir eigentlich, wie gut es uns geht?

21. Août

Ce qui importe, c'est qu'au final,
tout finisse bien!

Entscheidend ist, dass sich am Ende
alles zum Guten wendet!

22. Août

Vivre tout en donnant tout.

Alles erleben und dabei alles geben.

23. Août

Les âmes se reconnaissent mutuellement,
même si les hommes sont aveugles.

*Die Seelen erkennen sich gegenseitig,
auch wenn die Menschen blind sind.*

24. Août

Te retourner et regarder en arrière t'ouvrent de nouvelles
perspectives pour ce qui était et ce qui sera.

*Dich umzudrehen und zurückzublicken eröffnet dir neue
Sichtweisen für das, was war, und das, was sein wird.*

25. Août

La joie de vivre et un sourire sur le visage réchauffent
ton cœur et le font rayonner.

Lebensfreude und ein Lächeln im Gesicht erwärmen
dein Herz und lassen es strahlen.

26. Août

Quand le dévouement est vainqueur,
la vraie perfection commence.

Wenn die Hingabe siegt,
beginnt die wahre Vollkommenheit.

27. Août

Connaître la nostalgie est une bonne chose,
la vivre est encore plus passionnant.

*Die Sehnsucht zu kennen ist gut,
sie zu durchleben noch viel spannender.*

28. Août

Quand le monde tourne, nous devons tourner avec lui.

Wenn die Welt sich dreht, sollten wir uns mit ihr drehen.

29. Août

Quand tout doit fonctionner, rien ne fonctionne.
Pour de bonnes raisons.

*Wenn alles funktionieren soll,
funktioniert meist nichts. Begründeterweise.*

30. Août

Un cercle convivial rafraîchit ton esprit
et t'apporte de nouvelles pensées.

*Eine gesellige Runde erfrischt deinen Geist
und eröffnet dir neue Gedanken.*

31. Août

La vérité se trouve dans ton cœur et
non sur tes lèvres.

Die Wahrheit liegt in deinem Herzen
und nicht auf deinen Lippen.

Septembre

September

1er Septembre

Tout ce dont nous sommes faits a été créé par nous, c'est pourquoi il n'y a pas de MAIS.

> *Alles, was uns ausmacht, wurde von uns ins Leben gerufen,*
> *und somit gibt es kein ABER.*

2. Septembre

Ce sont à chaque fois les petits détails qui font la grande différence.

> *Immer wieder sind es die kleinen Details,*
> *die den großen Unterschied ausmachen.*

3. Septembre

S'il n'y a pas de volonté en toi,
tu ne trouveras pas de chemin.

*Wenn es in dir keinen Willen gibt,
findest du auch keinen Weg.*

4. Septembre

Les problèmes se résolvent au mieux là où ils naissent.

Probleme lösen sich am besten dort, wo sie entstehen.

5. Septembre

Une âme forte et vigoureuse aime se montrer à nous.

Eine starke und kräftige Seele zeigt sich uns gern.

6. Septembre

Chaque jour apporte d'importantes nouveautés.

Jeder Tag bringt wichtiges Neues mit sich.

7. Septembre

La vraie solitude n'existe pas.

Eine richtige Einsamkeit gibt es nicht.

8. Septembre

Le calme vient seulement si tu le souhaites.

Ruhe kehrt nur dann ein, wenn du sie willkommen heißt.

9. Septembre

„Qui l'eût cru?" témoigne d'une vision partiale.
Car quasiment tout est possible.

„Wer hätte das gedacht" zeugt von einer voreingenommenen Sichtweise. Denn so ziemlich alles ist möglich.

10. Septembre

Cueille les étoiles dans le ciel au lieu de
ramasser les pierres au sol.

Greife nach den Sternen am Himmel anstatt nach den Steinen am Boden.

11. Septembre

Chacun de nous porte en soi des souvenirs que nous
pouvons seulement comparer avec notre propre vie.

*Jeder von uns trägt Erinnerungen in sich, die wir nur mit
unserem eigenen Leben vergleichen können.*

12. Septembre

Le lever et le coucher du soleil encadrent
e jour qui nous appartient.

*Sonnenaufgang und Sonnenuntergang umschließen
den Tag, der uns gehört.*

13. Septembre

Ton âme connaît tes possibilités, interroge-la.

Die Seele kennt deine Möglichkeiten, frag sie doch mal.

14. Septembre

Même si tes yeux restent les mêmes,
ton regard peut changer.

Auch wenn deine Augen dieselben bleiben,
so kann sich doch dein Blick ändern.

15. Septembre

La pureté te laisse rayonner face à ta vie.

Die Reinheit lässt dich erstrahlen im Antlitz des Lebens.

16. Septembre

Que ton action soit grande ou petite, elle est cependant indispensable.

Egal, wie klein oder groß deine Tat auch sein mag,
sie ist dennoch unerlässlich.

17. Septembre

Tu es toi-même responsable de ta façon de vivre ta vie.
Tu ne dois te justifier que vis-à-vis de toi-même.

Deine Lebensgestaltung liegt in deiner Eigenverantwortung.
Rechtfertigen musst du dich nur vor dir selbst.

18. Septembre

Si tu changes tes paroles, tu changes le monde.

Veränderst du deine Wörter, veränderst du die Welt.

19. Septembre

C'est ton âme qui rêve son rêve pour toi.

Deine Seele träumt für dich deinen Traum.

20. Septembre

L'enthousiasme ne peut naître et s'épanouir
qu'à l'intérieru de toi.

*Begeisterung kann nur in dir selbst entstehen
und gedeihen.*

21. Septembre

Le plus grand pouvoir appartient à l'égo.

Die größte Macht gehört dem Ich.

22. Septembre

Les différences vont et viennent.

Unterschiede kommen und gehen.

23. Septembre

Nous devrions inventer le temps, ainsi, nous pourrions l'acheter en bouteille.

> *Wir sollten die Zeit erfinden, dann können wir sie uns in Flaschen kaufen.*

24. Septembre

Chaque pensée déclenche un commencement.

> *Jeder Gedanke setzt einen Anfang in Bewegung.*

25. Septembre

Les déceptions sont un poids embarrassant
sur le chemin de l'amélioration.

Enttäuschungen sind lästiger Ballast
auf dem Weg der Verbesserung.

26. Septembre

Le stress a plusieurs visages.

Stress hat mehr als nur ein Gesicht.

27. Septembre

Appelle-„le" plutôt ami qu'ennemi.

Nenne „ihn" lieber Freund als Feind.

28. Septembre

La gamme de la vie te réserve infiniment
de nouveaux morceaux.

Die Tonleiter des Lebens hält für dich noch
unendlich viele neue Stücke bereit.

29. Septembre

Quand les questions s'effacent et les réponses se multiplient, tu as bien avancé.

Quand les questions s'effacent et les réponses se multiplient, tu as bien avancé.

30. Septembre

Libère ton cerveau pour pouvoir vraiment vivre.

Mach dein Gehirn frei, um wirklich leben zu können.

Octobre

Oktober

1er Octobre

Faisons le plein d'énergie en nous unissant.

Tanken wir Kraft, indem wir uns zusammentun.

2. Octobre

Le temps appelle à un nouveau départ et à un changement et les premiers l'écoutent.

Die Zeit schreit nach Aufbruch und Veränderung und die Ersten hören ihr zu.

3. Octobre

Ce que nous révélons sera réutilisé.

> *Was wir preisgeben, wird wiederverwendet.*

4. Octobre

La plénitude de la vie est devant toi, si tu la cherches.

Die Fülle des Lebens ist direkt vor dir, wenn du sie suchst.

5. Octobre

Demeurer et se reposer est un vrai défi
pour ceux qui n'ont pas de temps.

*Verweilen und Ruhen ist eine echte Herausforderung
für die Zeitlosen.*

6. Octobre

Penser – réfléchir, cela fait naître en toi tout autre chose.

Denken – nachdenken, lassen in dir ganz andere Dinge entstehen.

7. Octobre

Le minimalisme et la simplicité hors du cerveau nous
font beaucoup de bien.

Minimalismus und Einfachheit tut uns außerhalb der
Gehirnregionen sehr gut.

8. Octobre

Chaque non recèle aussi un oui.

Nein sagen beinhaltet immer auch ein Ja.

9. Octobre

L'amour embellit.

Liebe macht schön.

10. Octobre

L'esprit a beaucoup d'imagination, mais en même temps,
il a besoin des hommes pour la partager.

*Der Geist kann sich viel ausdenken, doch zugleich braucht er
den Menschen, um es zu teilen.*

11. Octobre

Ta routine maintient la roue en vie.

Deine Routine hält das Rad lebendig.

12. Octobre

Même les chemins tortueux mènent à Rome.

Auch „verkreuzte" Wege führen nach Rom.

13. Octobre

Parler haut et fort vaut mieux que se taire.

Laut gehörte Stimmen sind besser als schweigende.

14. Octobre

L'esprit progressiste suit son destin.

Der fortschrittliche Geist folgt seiner Bestimmung.

15. Octobre

Une virgule est loin d'être un point.

> *Ein Komma ist noch lange kein Punkt.*

16. Octobre

L'inattendu t'attend quand tu ne t'y attends pas.

Unerwartetes wartet auf dich, wenn du es nicht erwartest.

17. Octobre

Ce que nous ne comprenons pas, devrait nous
donner le plus à réfléchir.

> *Das, was wir nicht verstehen, sollte uns am*
> *meisten zu denken geben.*

18. Octobre

La persévérance, c'est de tenir bon au-delà du but.

> *Durchhalten über das Ziel hinaus, das ist Ausdauer.*

19. Octobre

Que celui qui croit ne pas avoir d'amis,
regarde de plus près sa vie.

*Wer glaubt, keine Freunde zu haben,
der schaue einmal genau in sein Leben hinein.*

20. Octobre

L'année se transforme tous les trois mois, et toi?

Das Jahr verändert sich alle drei Monate und du?

21. Octobre

Lorsque nous allons trop bien, nous oublions
souvent l'essentiel.

Wenn es uns zu gut geht, vergessen wir
oft das Wesentliche.

22. Octobre

L'excitation et la nervosité ont aussi leurs
places dans la vie.

Aufregung und Nervosität haben auch ihre
Berechtigung im Leben.

23. Octobre

Nous pouvons mieux nous entretenir à hauteur de vue lorsque nous descendons de quelques marches.

Wenn wir Treppen hinuntersteigen, können wir uns besser auf gleicher Augenhöhe unterhalten.

24. Octobre

Le manque de confiance est problématique lorsqu'il est masqué par une autre qualité.

Unsicherheit ist dann problematisch, wenn sie durch eine andere Eigenschaft überdeckt wird.

25. Octobre

Il vaut mieux retravailler ce qui est ancien plutôt
que de le jeter par-dessus bord.

Altes neu zu überarbeiten, ist oft besser,
als es über Bord zu werfen.

26. Octobre

Ton for intérieur se cherche des réponses
pour se justifier.

Dein Inneres sucht sich die Antworten
auf seine Berechtigung.

27. Octobre

Les jours passent et nous les laissons passer.

Die Tage vergehen und wir lassen sie vorüberziehen.

28. Octobre

La franchise chez l'homme nous aide beaucoup à nous comprendre mutuellement.

Offenheit bei uns Menschen macht viel aus beim Versuch,
uns untereinander zu verstehen.

29. Octobre

De nouvelles découvertes élargissent l'horizon
et nous font mûrir.

Neue Entdeckungen erweitern den Horizont
und lassen uns reifen.

30. Octobre

La parole fût inventée pour ne pas devoir
s'écouter soi-même.

Das Reden wurde erfunden, um sich selbst
nicht zuhören zu müssen.

31. Octobre

Tu peux apprendre la patience. Pour cela,
tu dois juste tout écarter de toi.

> *Geduld ist erlernbar. Du musst dafür nur*
> *alles von dir abweisen.*

Novembre

November

1er Novembre

Quelle que soit ta définition de „famille": elle est le fondement de tout ce qui croît.

Die Familie ist der Grundstein für all das, was heranwächst, ganz egal, wie du „Familie" definierst.

2. Novembre

Le trivial devrait rester trivial et ne pas être promulgué dans le monde entier.

Belangloses sollte belanglos bleiben und nicht den Weg in die Welt nach draußen genießen.

3. Novembre

Un jour, tu tiendras dans tes mains la récompense
de tous tes efforts.

*Eines Tages wird der Preis in deinen Händen liegen für all
die Anstrengungen, die du getätigt hast.*

4. Novembre

Quand le jour se lève, tout recommence à zéro
et tout peut atteindre l'infini.

*Wenn der Tag anbricht, beginnt wieder alles bei null und
alles kann die Unendlichkeit erreichen.*

5. Novembre

Parfois, une seule phrase suffit.

Ein Satz kann zuweilen genug sein.

6. Novembre

Les larmes du quotidien délivrent et purifient l'âme.

Die Tränen des Alltags sind für die Seele eine reinigende Erlösung.

7. Novembre

En tant qu'êtres humains, nous pourrions
nous aider mutuellement.

Wir sind alle Menschen und wir könnten
uns gegenseitig helfen.

8. Novembre

Notre corps est plus qu'une enveloppe; il est „nous"
à cent pour cent.

Unser Körper ist mehr als eine Hülle, die uns umgibt,
er ist hundert Prozent wir selbst.

9. Novembre

Sous une pression n'apparaît que ce qui se trouve à la surface, non le sens profond.

Unter Druck kommt nur das ans Tageslicht, was sich ganz oben befindet, nicht aber der tiefere Sinn.

10. Novembre

Personne ne peut dire que ce qu'il souhaite, n'existe pas pour lui!

Keiner kann sagen, das, was er will, gibt es für ihn nicht!

11. Novembre

Il est très souhaitable de se souhaiter quelque chose.

Sich etwas zu wünschen, ist sehr wünschenswert.

12. Novembre

Te reste-t'il un sourire pour nous autres?

Hast du ein Lächeln für uns andere übrig?

13. Novembre

Faisons naître la joie partout où nous la
trouvons le moins.

Lassen wir überall dort Freude entstehen,
wo wir ihr am wenigsten begegnen.

14. Novembre

La mort est une ombre qui t'enveloppe. N'aie pas peur
d'elle, elle n'y peut rien.

Der Tod ist ein Schatten, der dich umgibt. Habe keine Angst
vor ihm, er kann nichts dafür.

15. Novembre

Le savoir ne se cache pas dans les détails électroniques,
mais dans l'épaisseur de la chair et du sang.

*Das Wissen verbirgt sich nicht in elektronischen Details,
sondern tief zwischen Fleisch und Blut.*

16. Novembre

Dieu sera avec nous si nous le voulons.

Gott wird bei uns sein, wenn wir es wollen.

17. Novembre

Dans l'immobilité, peu de choses bougent généralement.

Im Stillstand bewegt sich meist nicht viel.

18. Novembre

Nous pouvons réaliser bien plus que nous ne voyons, bien plus que nous ne soupçonnons et bien plus que nous ne rêvons.

Wir können viel mehr, als wir sehen, viel mehr, als wir erahnen, und viel mehr, als wir uns erträumen.

19. Novembre

Avoir sa propre demeure est une source d'énergie
pour toutes les actions.

Das eigene Heim ist die Kraftquelle aller
folgenden Taten.

20. Novembre

Que les cœurs en vie ne désespèrent pas!

Auf dass die lebenden Herzen nicht verzweifeln.

21. Novembre

Lorsque nous ne pouvons reconnaître ton visage,
nous nous sentons mal à l'aise.

Wenn wir dein Gesicht nicht erkennen können,
bringt uns das Unwohlsein.

22. Novembre

Nous trouvons la chaleur et l'attention lorsque nous nous
rapprochons davantage les uns des autres.

Die Wärme und Zuwendung unter uns finden wir dann,
wenn wir uns mehr aufeinander zubewegen.

23. Novembre

Le futur démarre à chaque instant et nous transforme si
nous restons en mouvement.

Die Zukunft startet in jedem Augenblick und verändert uns,
wenn wir beweglich bleiben.

24. Novembre

Notre âme se meut dans le vent de la vie
et aime se laisser guider par nous.

Unsere Seele bewegt sich im Wind des Lebens
und lässt sich gerne von uns leiten.

25. Novembre

Stop! Tourne-toi à 180 degrés et découvre
la vie dans toute sa splendeur.

*Stopp! Dreh dich 180 Grad im Kreis und erlebe
das Leben in seiner vollen Pracht.*

26. Novembre

Si nous restons unis, les caprices de la vie nous
tentent en vain.

*Die Launen des Lebens winken vergebens, wenn wir
uns einig sind.*

27. Novembre

Si une personne encore inconnue croise ta vie,
ne l'ignore pas.

Kreuzt ein dir noch unbekannter Mensch dein Leben,
übersieh ihn lieber nicht.

28. Novembre

Qui n'est pas sur place, peut difficilement se faire une
opinion; malgré tout, l'amour est plus beau que la haine.

Wer nicht vor Ort ist, kann sich schwer eine Meinung bilden,
dennoch ist Liebe schöner als Hass.

29. Novembre

En nous coupant du „il faut", nous nous coupons
également de la pression et du stress.

*Entkoppeln wir uns vom Muss, entkoppeln wir
uns auch von Druck und Stress.*

30. Novembre

Les spécialistes ont cessé de creuser à la surface.

Spezialisten haben aufgehört, an der Oberfläche zu graben.

Décembre

Dezember

1er Décembre

Tout ce dont tu as besoin t'attend déjà.

> *Alles, was du brauchst, wartet schon darauf,*
> *abgeholt zu werden.*

2. Décembre

Juste aujourd'hui:
juste aujourd'hui ne fais pas de compromis
juste aujourd'hui ne te conforme pas
juste aujourd'hui suis ta voix intérieure

> *Nur heute:*
> *nur heute verbiege dich nicht*
> *nur heute passe dich nicht an*
> *nur heute folge deiner inneren Stimme*

3. Décembre

Ne rien faire et y trouver du plaisir!

Nichts tun und dabei Spaß haben!

4. Décembre

Chacun peut contribuer chaque jour à
une vie meilleure.

Jeder kann einen täglichen Beitrag für
ein besseres Leben leisten.

5. Décembre

Poursuis jusqu'au bout ce qui te meut intérieurement.

Verfolge das, was dich im Inneren bewegt, bis zum Schluss.

6. Décembre

Notre âme retourne sans cesse à son origine.

Unsere Seele kehrt immer wieder zum Ursprung zurück.

7. Décembre

Le corps: l'instrument qui nous permet
de jouer notre chant.

Der Körper: das Instrument, mit dem wir
unser Lied spielen dürfen.

8. Décembre

Les pensées pures prospèrent dans un environnement pur.

Ist die Umgebung rein, so folgen die Gedanken dieser Reinheit.

9. Décembre

La vie est passionnante, si nous ne la limitons pas.

Das Leben ist aufregend, wenn wir es nicht begrenzen.

10. Décembre

A tout moment où tu veux être un champion, tu en es un.

Wann immer du ein Gewinner sein willst, bist du einer.

11. Décembre

De quelque manière que ce soit, tu es précieux
et ta vie l'es aussi.

Egal wie, du bist kostbar und dein
Leben wertvoll.

12. Décembre

Chaque fois que c'est possible, ne te mets pas en travers
de ton propre chemin.

Wann immer es geht, steh dir nicht
selbst im Weg.

13. Décembre

Nous sommes compatibles avec ce que nous sommes.

Wir sind kompatibel mit dem, was uns ausmacht.

14. Décembre

Tout ce que tu ne peux pas, tu le peux.

Alles, was du nicht kannst, kannst du.

15. Décembre

Il est fort celui qui est capable de contrôler ses débordements émotionnels.

Stark ist, wer emotionale Ausbrüche regulieren kann.

16. Décembre

Tes rêves sont de vrais moments „tangibles" de la vie.

Deine Träume sind reale „anfassbare" Lebensabschnitte.

17. Décembre

La véritable perfection nous apparaît dans la nature.

Die wahre Vollkommenheit erscheint uns in der Natur.

18. Décembre

Vois et interprète les signes le long de ton chemin.

Sieh und deute die Zeichen, die an deinem Wegesrand stehen.

19. Décembre

La to-do-liste de notre vie est bien plus grande que nous ne le soupçonnons aujoud'hui.

> *Die To-do-Liste unseres Lebens ist viel größer, als wir heute erahnen können.*

20. Décembre

Les cercles de la vie se referment et s'adaptent à nouveau continuellement.

> *Die Kreise des Lebens schließen sich immer wieder und passen sich neu an.*

21. Décembre

Le recueillement nous donne la force de reconnaître
ce qui est, et de voir ce qui peut être.

Besinnlichkeit gibt uns die Kraft, anzuerkennen, was ist,
und zu sehen, was sein kann.

22. Décembre

La sérénité, qui n'est pas empreinte d'indifférence,
nous donne la paix intérieure.

Gelassenheit, die nicht durch Gleichgültigkeit geprägt ist,
gibt uns innere Ruhe.

23. Décembre

La paix revient quand tu es en union avec ton âme.

Ruhe kehrt ein, wenn du eins bist mit deiner Seele.

24. Décembre

Tu es toi-même la source de ta richesse.

Die Quelle deines Reichtums bist du selbst.

25. Décembre

La clarté dans la vie est bénéfique pour nous tous.

Klarheit im Leben kommt uns allen zu Gute.

26. Décembre

Ta foi est l'origine de l'infini.

Dein Glaube ist der Ursprung der Unendlichkeit.

27. Décembre

La vie ne marque pas de pauses, l'être humain
malheureusement si.

Das Leben macht keine Pause,
der Mensch leider schon.

28. Décembre

L'ancien tend vers sa fin et le nouveau t'attend déjà.

Das Alte neigt sich zu Ende und das Neue wartet schon auf dich.

29. Décembre

Ce n'est qu'après avoir tout donné que je
peux tout prendre.

*Zuerst will ich alles geben, erst dann kann
ich alles nehmen.*

30. Décembre

Suis ton chemin et ta voix intérieure,
si folle soit-elle.

*Folge deinem Weg, deiner inneren Stimme, ganz egal,
wie verrückt sie zu dir spricht.*

31. Décembre

Et nous qui lisons ces lignes, avons encore dans la vie tellement plus à partager.

Und wir, die wir diese Zeilen lesen, haben noch so viel mehr im Leben, was wir teilen könnten.

Ces 365 paroles sont nées, jour après jour, à une époque qui me réservait beaucoup de nouveautés. Lorsque la Voix m'a appelée, je l'ai suivie jusqu'à ce livre. A présent, c'est à toi de la suivre et de porter en toi ces paroles jusqu'à leur prochaine destination.

Die 365 Sätze entstanden, Tag für Tag, in einer Zeit, die viel Neues für mich bereithielt. Als die Stimme mich rief, bin ich ihr gefolgt, bis zu diesem Buch. Nun folgst du ihr und trägst die Sätze in dir, bis an ihr nächstes Ziel.

Über die Autorin

2015 trat ich meine Reise als Autorin an. Eine Reise und oft auch ein Abenteuer, bei dem ich nicht im Geringsten ahnte, wohin es mich führen wird.

Erst entstand ein Buch. Ganz naiv und einfach so habe ich es veröffentlicht. Dann folgte ein zweites und jetzt sind es über dreizehn Bücher, die ich herausgegeben habe. Und es werden noch mehrere Bücher kommen, denn das Schreiben lässt mich nicht los.

Ich träume davon, dass ich schreiben soll. Eine unsichtbare Hand schiebt mich immer dann nach vorn, wenn ich mal wieder eine Weile nicht geschrieben habe. Diese Hand ermahnt mich sanft, diesen Weg immer weiterzugehen, egal wohin er führen mag.

Daher, wir wissen nie, was das Leben mit uns vorhat, doch wenn wir uns darauf einlassen, dürfen wir oft Spannendes erleben.

Dank meiner Bücher kann ich dich heute auf vielen Ebenen inspirieren, ich kann meine Gedanken mit dir teilen und sie zugleich in die Welt tragen. So kann ich das leben, was mein Herz sich wünscht.

Heute begleiten mich die verschiedensten Menschen auf meinem Weg und du bist jetzt einer davon. Denn durch die Zeilen in meinen Büchern sind wir verbunden. Die Worte sprechen zu dir, so als wenn ich sie dir direkt erzählt hätte.

Egal wo ich lebe und noch leben werde, das Schreiben wird etwas sein, was ich überallhin mitnehme. Es wird mich wohl bis ans Ende meiner Tage begleiten. Und das ist gut so, denn so inspiriere ich Menschen nicht nur zum Lesen, nein, viele Menschen habe ich auch dazu inspirieren können, ihr eigenes Buch zu schreiben. Du musst wissen, sein eigenes Buch zu schreiben, das ist ein ganz besonderer Prozess und zugleich eine sehr schöne Erfahrung.

Daher, wir wissen nie, was das Leben noch alles mit uns vorhat!

For a better life
Bettina Gronow

Buchempfehlungen

Bettina Gronow

AN 365 TAGEN

Dein Tagesbegleiter
in deutsch.

Greife nach den Sternen
am Himmel anstatt nach
den Steinen am Boden.

Bettina Gronow

ON 365 DAYS

Dein Tagesbegleiter in
englisch / deutsch.

Reach for the stars in
the sky and not for the
stones on the ground.

Bettina Gronow

EN 365 DÍAS

Dein Tagesbegleiter in
spanisch / deutsch.

Alcanza las estrellas
del cielo, en vez de
las piedras del suelo.

Bettina Gronow

365 TAGE LEBENSENERGIE

Dein Tagesbegleiter in
4 Sprachen.

Greife nach den Sternen
am Himmel anstatt nach
den Steinen am Boden.